ຫລາມມາໂຮງຮຽນ

โดย: ສີບຸນ ຈັນປະເສີດ

ຮูบโดย: ໂຣເຊັມຄຳ ປາບາລິມາ

ອົງການ Library For All ແມ່ນອົງການທີ່ບໍ່ຫວັງຜົນກຳໄລ ທີ່ມີພັນທະກິດທີ່ຈະເຮັດໃຫ້ທຸກຄົນ
ສາມາດເຂົ້າເຖິງແຫຼ່ງຄວາມຮູ້ ຜ່ານບະອັດຕະກຳຫ້ອງສະໝຸດດິຈິຕອນ.
ເຂົ້າເບິ່ງລາຍລະອຽດເພີ່ມເຕີມທີ່: libraryforall.org

ຫລາບມາໂຮງຮຽນ

ພິມຄັ້ງທຳອິດ 2021

ຈັດພິມໂດຍ: ອົງການ Library For All
ອີເມວ: info@libraryforall.org
URL: libraryforall.org

ຮູບແຕ້ມຕົ້ນສະບັບໂດຍ ໂຮເຮັນດຳ ປາບາລິນາ

ຫລາບມາໂຮງຮຽນ
ສົນບຸນ ຈັນປະເສີດ
ISBN: 978-9932-09-152-2
SKU01186

ຫລາມມາໂຮງຣຣມ

ທລາບຂື້ຫ້າວ ມອງ.

ຫລາບມາໂຮງຮຽນທຸກມື້.

ເມື່ອຫລານມາຮອດ ຫ້ອງຮຽນ.

ທລາບອະບາໄມທ້ອງຮຽນ
ເພື່ອບໍ່ໃຫ້ພະຍາດມາບຽດບຽນ.

ມາ, ມາ, ຮີບ, ມາ!
ພວກເຮົາມາອະນາໄມ
ເຮັດຄວາມສະອາດນຳກັນ.

ສະອາດອັນດິ 1:
ອະນາໄມໂຮງຮຽນໃຫ້ສະອາດ.
ປັດໆ, ກວດໆ!

14

ສະອາດອັນທີ 2:
ລ້າງບໍ່ໃຫ້ສະອາດ.
ລ້າງໆ, ຖູໆ!

ສະອາດອັບທິ 3:
ເຄື່ອງບຸ່ງທົ່ມສະອາດ.
ທອມໆ, ງາມໆ!

ສະອາດຮັບທີ 4:
ກິນອາຫານສຸກ ແລະ ດື່ມນ້ຳສະອາດ.
ແຊບໆ, ອິ່ມທ້ອງ!

ໂຮງຮຽນສະອາດ.
ພວກທຫລານສຸຂະພາບດີ.
ນີ້ຄືໂຮງຮຽນຂອງພວກທຫລານ.

21

ຂໍ້ມູນທາງບັນນາບຸກໂມຂອງຫໍສະໝຸດແຫ່ງຊາດ

ສິບຸນ ຈັນປະເສິດ
ທລາບມາໂຮງຮຽນ 2 / ໂດຍ ສິບຸນ ຈັນປະເສິດ. -- ວຽງຈັນ : ມັກອ່ານ
2020
21 ໜ້າ : ພາບປະກອບສີ ; 21 ຊມ
1. ວັນນະກໍາສໍາລັບເດັກ
I. ຊື່ເລື່ອງ
808.899282 -- dc21
ເລກທະບຽນພິມຈໍາໜ່າຍ: ຕາມທບ329ພຈ 23122020
ISBN 978-9932-09-152-2

ເຈົ້າສາມາດໃຊ້ຄຳຖາມດັ່ງລຸ່ມນີ້ເພື່ອສືບທະບາກ່ຽວກັບເລື່ອງໆທີ່ອ່ານກັບ ຄອບຄົວ, ໝູ່ ແລະ ຄູອາຈານ.

ເຈົ້າໄດ້ຮຽນຮູ້ຫຍັງຈາກເລື່ອງນີ້?

ຈົ່ງອະທິບາຍເລື່ອງນີ້ ໂດຍໃຊ້ຄຳບັບຍາຍ 1ຄຳ. ຕະຫຼົກ? ຢ້ານ? ມິສິສັນ? ໜ້າສົນໃຈ?

ເມື່ອອ່ານຈົບແລ້ວ, ເລື່ອງນີ້ໃຫ້ຄວາມຮູ້ສຶກຫຍັງແດ່?

ໃນເລື່ອງນີ້, ເຈົ້າມັກສິ່ງໃດຫຼາຍທີ່ສຸດ?

ກ່ຽວກັບຜູ້ປະກອບສ່ວນ

Library For All ເຮັດວຽກຮ່ວມກັບບັກຂຽນ ແລະ ນັກແຕ້ມ ທົ່ວ ໂລກເພື່ອສ້າງເລື່ອງທີ່ຫຼາກຫຼາຍ, ມີຄຸນນະພາບສູງໃຫ້ກັບຜູ້ ອ່ານໂຕນ້ອຍ. ທຸກຄົນສາມາດເຂົ້າໄປ ເວັບໄຊ libraryforall.org ເພື່ອຮູ້ຂ່າວຫຼ້າສຸດ ກ່ຽວກັບກິດຈະກຳຝຶກອົບຮົມນັກຂຽນ, ຄູ່ມືຕ່າງໆ ແລະ ໂອກາດສ້າງສັນອື່ນໆ.

ປື້ມທິວນີ້ມ່ອບບໍ່?

ພວກເຮົາມີປື້ມຫຼາຍຮ້ອຍທິວໃຫ້ເລືອກອ່ານ.

ພວກເຮົາຮ່ວມມືກັບນັກຂຽນ, ຜູ້ງຊານດ້ານການສຶກສາ,
ທ່ີປຶກສາທາງດ້ານວັດທະນະທຳ, ລັດຖະບານ ແລະ
ອົງກອນທ່ີບໍ່ຂຶ້ນກັບລັດຖະບານ ເພື່ອນຳຄວາມເພີດເພີນ ໃນການ
ອ່ານໃຫ້ກັບເດັກນ້ອຍທິວທຸກແຫ່ງ.

ຮູ້ບໍ່?

ພວກເຮົາສ້າງການປ່ຽນແປງທ່ີດີໃນຊົງເຂດນ້ີ ໂດຍປະຕິບັດ ເປົ້າໝາຍ
ການພັດທະນາແບບຍືບຍົງຂອງສະຫະປະຊາຊາດ.

libraryforall.org

www.ingramcontent.com/pod-product-compliance
Lightning Source LLC
Chambersburg PA
CBHW040119150726
48005CB00013B/1783

9 789993 209152